VENTE

Du Mercredi 24 Janvier 1912

HOTEL DROUOT, SALLE N° 1

A 2 HEURES

ATELIER

DE

PAUL CIROU

COMMISSAIRE-PRISEUR

Mᵉ André COUTURIER

Successeur de M. Léon TUAL

EXPERT

M. E. DRUET

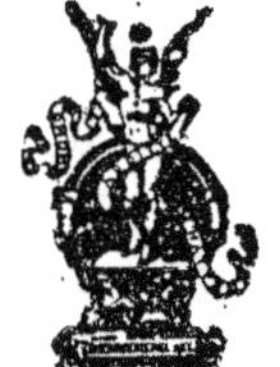

CATALOGUE

DES

TABLEAUX

AQUARELLES, DESSINS

GRAVURES

PAR

PAUL CIROU

MEUBLES DIVERS

LE TOUT GARNISSANT SON ATELIER

DONT LA VENTE AUX ENCHÈRES PUBLIQUES AURA LIEU

HOTEL DROUOT, SALLE N° 1

LE MERCREDI 24 JANVIER 1912

à deux heures

COMMISSAIRE-PRISEUR	EXPERT
Me André COUTURIER	**M. E. DRUET**
Successeur de M. Léon TUAL	20, rue Royale
56, rue de la Victoire	PARIS

EXPOSITION PUBLIQUE

Le Mardi 23 Janvier 1912, de deux heures à six heures

CONDITIONS DE LA VENTE

Elle sera faite au comptant.

Les adjudicataires paieront *dix pour cent* en sus des enchères.

L'exposition mettant le public à même de se rendre
compte de l'état et de la nature des objets, aucune réclamation
ne sera admise une fois l'adjudication prononcée.

Paris — Imp. de l'Art. Ch. Berger, 41, rue de la Victoire.

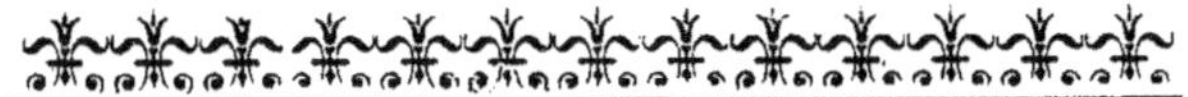

DÉSIGNATION

TABLEAUX

1 — *Paysage, Audouville (Cotentin).*
> Signé en bas à droite.
>> Panneau. Haut., 16 cent.; larg., 24 cent.
> Cadre créé et sculpté par l'artiste.

2 — *Autour d'un peintre (Concarneau).*
> Signé en bas à droite.
>> Panneau. Haut., 27 cent.; larg., 35 cent.

3 — *L'Homme et la Mer.*
> Signé en bas à gauche.
>> Carton. Haut., 16 cent.; larg., 22 cent.
> Cadre créé et sculpté par l'artiste.

4 — *Les Damnés* (Esquisse).
> Signé en bas à droite.
>> Toile. Haut., 54 cent.; larg., 65 cent.

5 — *Cabinet de Dentiste.*
> Signé en bas à droite.
>> Panneau. Haut., 33 cent.; larg., 23 cent.
> Cadre créé et sculpté par l'artiste.

6 — *L'Église de Triel.*

Signé en bas à droite.

Toile. Haut., 54 cent.; larg., 73 cent.

Cadre créé et sculpté par l'artiste.

7 — *Une Tonnelle (Triel).*

Signé en bas à droite.

Toile. Haut., 33 cent.; larg., 41 cent.

8 — *Portrait (Triel).*

Signé en bas à droite.

Toile. Haut., 1 m. 47 cent.; larg., 97 cent.

9 — *Les Mielles, Denneville (Cotentin).*

Signé en bas à droite.

Panneau. Haut., 27 cent.; larg., 35 cent.

10 — *Femme, soleil du soir.*

Signé en bas à droite.

Panneau. Haut., 24 cent.; larg., 16 cent.

Cadre créé et sculpté par l'artiste.

11 — *Soleil couchant, Denneville (Cotentin).*

Signé en bas à droite.

Toile. Haut., 65 cent.; larg., 81 cent.

12 — *Honte de Marie-Madeleine.*

Signé en bas à droite.

Toile. Haut., 89 cent.; larg., 1 m. 16 cent.

(Salon des Artistes français, 1899.)

13 — *Madame la Mort.*

>Signé en bas à gauche.
>
>Toile. Haut., 1 m. 99 cent.; larg., 1 m. 45 cent.

14 — *Madame la Mort* (tête).

>Signé en haut à gauche.
>
>Toile. Haut., 55 cent.; larg., 46 cent.
>
>Cadre créé et sculpté par l'artiste.

15 — *La Jeune Fille et la Mort.*

>Signé en bas à gauche.
>
>Toile. Haut., 38 cent.; larg., 46 cent.
>
>Cadre créé et sculpté par l'artiste.

16 — *Carnaval.*

>Signé en bas à droite.
>
>Panneau. Haut., 38 cent.; larg., 46 cent.

17 — *La Buveuse d'absinthe.*

>Signé en bas à droite.
>
>Toile. Haut., 46 cent.; larg., 55 cent.
>
>Cadre créé et sculpté par l'artiste.

18 — *Brumes sur la Mer.*

>Signé en bas à droite.
>
>Toile. Haut., 60 cent.; larg., 73 cent.

19 — *La Meule à Sarazin (Cotentin).*

>Signé en bas à droite.
>
>Toile. Haut., 55 cent.; larg., 46 cent.

20 — *L'Orphelin*.

Signé en bas à droite.

Toile. Haut., 46 cent. ; larg., 38 cent.

21 — *Surprise au Soleil*.

Signé en bas à gauche.

Toile. Haut., 81 cent. ; larg., 61 cent.

Cadre créé et sculpté par l'artiste.

22 — *Solitude jaune (Denneville)*.

Signé en bas à droite.

Panneau. Haut., 27 cent.; larg., 35 cent.

23 — *L'Enfant gâté (Normandie)*.

Signé en bas à gauche.

Toile. Haut., 1 m. 16 cent.; larg., 89 cent.

24 — *La Tasse de lait*, esquisse (*Normandie*).

Signé en bas à droite.

Toile. Haut. 60 cent.; larg., 73 cent.

25 — *La Tasse de lait (Normandie)*.

Signé en bas à droite.

Toile. Haut., 1 m. 46 cent.; larg., 1 m. 76 cent.

26 — *La Triolette (Normandie)*.

Signé en bas à droite.

Toile. Haut., 1 m. 15 cent.; larg., 98 cent.

27 — *Pêcheurs de crevettes (Normandie)*.

Signé en bas à droite.

Toile. Haut., 96 cent.; larg., 1 m. 45 cent.

28 — *Vachère dans la brume (Cotentin)*.
Signé en bas à droite.
Toile. Haut., 81 cent.; larg., 60 cent.
Cadre créé et sculpté par l'artiste.

29 — *La Fumée du train sur le marais (Cotentin)*.
Signé en bas à droite.
Toile. Haut., 60 cent. ; larg., 81 cent.

30 — *La Fumée du train sur le marais (Cotentin)*.
Signé en bas à gauche.
Carton. Haut., 25 cent.; larg., 33 cent.

31 — *La Crémerie (Paris)*.
Signé en bas à gauche.
Toile. Haut., 65 cent.; larg., 50 cent.

32 — *Parc Montsouris (Paris)*.
Signé en bas à droite.
Toile. Haut., 46 cent.; larg., 55 cent.

33 — *La Corbeille de tulipes au Luxembourg (Paris)*.
Signé en bas à gauche.
Toile. Haut., 46 cent.; larg., 55 cent.

34 — *La Neige au Luxembourg (Paris)*
Signé en bas à droite.
Toile. Haut., 54 cent.; larg., 73 cent.
Cadre créé et sculpté par l'artiste.

35 — *Brume matinale* (*Cotentin*).

> Signé en bas à droite.
>
>> Toile. Haut., 59 cent.; larg., 80 cent.
>
> Cadre créé et sculpté par l'artiste.

36 — *Le Marais* (*Cotentin*).

> Signé en bas à droite.
>
>> Toile. Haut., 46 cent.; larg., 55 cent.

37 — *Pommiers en fleurs* (*Cotentin*).

> Signé en bas à droite.
>
>> Toile. Haut., 50 cent.; larg., 61 cent.

38 — *Jeune Vacher* (*Cotentin*).

> Signé en bas à droite.
>
>> Toile. Haut., 60 cent.; larg., 73 cent.

39 — *Jeune Vachère* (*Cotentin*).

> Signé en bas à droite.
>
>> Toile. Haut., 60 cent.; larg., 73 cent.

40 — *Les Buveurs de cidre, Foire de Lissay* (*Cotentin*).

> Signé en bas à droite.
>
>> Toile. Haut., 89 cent.; larg., 1 m. 16 cent.

41 — *Femme et Enfant* (*Cotentin*)

> Signé en bas à droite.
>
>> Toile. Haut., 81 cent.; larg., 65 cent.
>
> (*Salon d'automne 1906.*)

42 — *Le Taureau (Cotentin).*

> Signé en bas à droite.

>> Toile. Haut., 81 cent.; larg.. 1 mètre.

43 — *Le Jardin de mon père (Cotentin).*

> Signé en bas à droite.

>> Toile. Haut., 54 cent.; larg.. 73 cent.

44 — *Le Châle (Cotentin).*

> Signé en bas à droite.

>> Toile. Haut., 89 cent.; larg., 1 m. 20 cent..

45 — *La Villa (Cotentin).*

> Signé en bas à droite.

>> Toile. Haut., 50 cent.; larg., 61 cent.

46 — *Les Toits (Marseille).*

> Signé en bas à droite.

>> Carton. Haut., 38 cent. ; larg., 61 cent.

47 — *Effet de Soleil dans les arbres.*

> Signé en bas à droite.

>> Toile. Haut., 46 cent.; larg., 68 cent.

48 — *Saison de pluie, Ténés (Algérie).*

> Signé en bas à droite.

>> Toile. Haut., 50 cent.; larg., 61 cent.

49 — *Avant la tempête de neige, Ténés (Algérie).*
> Signé en bas à gauche.

>> Toile. Haut., 46 cent.; larg., 61 cent.

50 — *La Bourrasque, Ténés (Algérie)*.

Signé en bas à droite.

Toile. Haut., 46 cent.; larg., 61 cent.

51 — *Le Caroubier, Ténés (Algérie)*.

Signé en bas à droite.

Toile. Haut., 50 cent. larg., 61 cent.

52 — *Jeune Mauresque et cactus*.

Signé en bas à droite.

Toile. Haut., 50 cent.; larg., 61 cent.

53 — *Une Rue de Ténés, avant l'orage (Algérie)*.

Signé en bas à droite.

Toile. Haut., 61 cent.; larg., 50 cent.

54 — *Le Déménagement, Ténés (Algérie)*.

Signé en bas à droite.

Toile. Haut., 46 cent.; larg., 61 cent.

55 — *Les Génévriers de l'Oued Zeboudj (Algérie)*.

Signé en bas à droite.

Toile. Haut., 24 cent.; larg., 33 cent.

56 — *Les Génévriers de l'Oued Zeboudj (Algérie)*.

Signé en bas à droite.

Toile. Haut., 24 cent.; larg., 33 cent.

57 — *Marché de Montenotte (Algérie)*.

Signé en bas à droite.

Toile. Haut., 60 cent.; larg., 81 cent.

58 — *Misère algérienne.*

Signé en bas à droite.

Toile. Haut., 61 cent.; larg., 46 cent.

59 — *Triste sommeil (Algérie).*

Signé en bas à droite.

Carton. Haut., 50 cent.; larg., 56 cent.

60 — *Nature morte : fleurs et objets (Algérie).*

Signé en bas à droite.

Toile. Haut., 41 cent.; larg., 55 cent.

61 — *La Grotte aux Pigeons (Algérie).*

Signé en bas à droite.

Toile. Haut., 46 cent.; larg., 55 cent.

62 — *A la Fontaine, Ténés (Algérie).*

Signé en bas à droite.

Toile. Haut., 60 cent.; larg., 81 cent.

63 — *Chasse aux cailles (Algérie).*

Signé en bas à droite.

Carton. Haut., 29 cent.; larg., 49 cent.

64 — *Entre chien et loup, Gorges de Ténés (Algérie).*

Signé en bas à droite.

Toile. Haut., 60 cent.; larg., 80 cent.

65 — *Les Gorges et le vieux Ténés (Algérie).*

Signé en bas à droite.

Toile. Haut., 60 cent.; larg., 92 cent.

66 — *Le Tournant des gorges de Ténés* (*Algérie*).
Signé en bas à gauche.
Toile. Haut., 73 cent.; larg., 92 cent.

67 — *L'Oued Allala et le vieux Ténés* (*Algérie*).
Signé en bas à droite.
Toile. Haut., 60 cent.; larg., 81 cent.

68 — *Les Rochers de l'Oued Allala* (*Algérie*).
Signé en bas à droite.
Toile. Haut., 46 cent.; larg., 61 cent.

69 — *Orage sur le vieux Ténés* (*Algérie*).
Signé en bas à droite.
Toile. Haut., 60 cent.; larg., 81 cent.

70 — *La Voie romaine* (*Algérie*).
Signé en bas à droite.
Toile. Haut., 60 cent.; larg., 81 cent.

71 — *Vue du vieux Ténés et des gorges* (*Algérie*).
Signé en bas à droite.
Toile. Haut., 61 cent.; larg., 50 cent.

72 — *Rue de la Mosquée, vieux Ténés* (*Algérie*).
Signé en bas à droite.
Toile. Haut., 61 cent.; larg., 46 cent.

73 — *L'Enfant au pigeon* (*Algérie*).
Signé en bas à gauche.
Toile. Haut., 60 cent.; larg., 81 cent.

74 — *Réception chez un colon pauvre.*
> Signé en bas à droite.
>> Toile. Haut., 60 cent.; larg., 81 cent.

75 — *Danse du mariage (Algérie).*
> Signé en bas à droite.
>> Toile. Haut., 60 cent.; larg., 81 cent.

76 — *Nature morte : Fleurs d'Algérie.*
> Signé en bas à droite.
>> Toile. Haut., 81 cent.; larg., 60 cent.

77 — *Roses fanées (Algérie).*
> Signé en bas à gauche.
>> Toile. Haut., 61 cent.; larg., 50 cent.

78 — *Vue sur la Mer (Algérie).*
> Signé en bas à droite.
>> Toile. Haut., 50 cent.; larg., 61 cent.

79 — *Jeux de Biskris (Algérie).*
> Signé en bas à droite.
>> Toile. Haut., 54 cent.; larg., 65 cent.

80 — *Mer démontée (Algérie).*
> Signé en bas à droite.
>> Toile. Haut., 54 cent.; larg., 81 cent.

81 — *Les Vagues de boue (Algérie).*
> Signé en bas à droite.
>> Toile. Haut., 60 cent.; larg., 81 cent.

82 — *Les Crêtes d'argile* (*Algérie*).

Signé en bas à droite.

Toile. Haut., 60 cent.; larg., 81 cent.

83 — *Juifs d'Alger*.

Signée en bas à droite.

Toile. Haut., 1 m. 46 cent.; larg., 2 mètres.

(*Salon d'automne 1907.*)

84 — *Vendredi au Cimetière musulman*.

Signé en bas à droite.

Toile. Haut., 1 m. 46 cent.; larg., 1 m. 75 cent

(*Salon de la Société nationale 1907.*)

85 — *La Tranchée des Tombeaux* (*Algérie*).

Signé en bas à droite.

Toile. Haut., 73 cent.; larg., 92 cent.

86 — *Baie de Ténès au crépuscule* (*Algérie*).

Signé en bas à droite.

Toile. Haut., 60 cent.; larg., 81 cent.

87 — *Le Feu sur la Mer* (*Algérie*).

Signé en bas à droite.

Toile. Haut., 60 cent.; larg., 81 cent.

88 — *Tempête dans la baie de Ténès* (*Algérie*).

Signé en bas à droite.

Toile. Haut., 60 cent.; larg., 81 cent.

89 — *Une Porte au vieux Ténés (Algérie).*

Signée en bas à gauche.
Aquarelle rehaussée d'huile.

Haut., 35 cent.; larg., 25 cent.

90 — *Le Fils du Cheik (Algérie).*

Signé en bas à gauche.

Carton. Haut., 36 cent.; larg., 56 cent.

91 — *Panorama (Algérie).*

Signé en bas à droite.

Carton. Haut., 31 cent.; larg., 51 cent.

92 — *La Tétée, étude pour Sous le citronnier (Algérie).*

Signé en bas à droite.

Carton. Haut., 28 cent.; larg., 30 cent.

93 — *Sous le citronnier (Algérie).*

Signé en bas à droite.

Toile. Haut., 92 cent.; larg., 1 m. 16 cent.
(*Salon de la Société nationale 1909.*)

94 — *Femme arabe des montagnes.*

Signé en bas à droite.

Toile. Haut., 55 cent.; larg., 46 cent.
Cadre créé et sculpté par l'artiste.

95 — *Rue du vieux Ténés (Algérie).*

Signé en bas à droite.

Toile. Haut., 65 cent.; larg., 81 cent.
(*Salon d'automne 1909.*)

96 — *Soir d'Alger* (esquisse).

> Signé en bas à droite.

>> Toile. Haut., 27 cent.; larg., 35 cent.

97 — *Soir d'Alger*.

> Signé en bas à droite.

>> Toile. Haut., 1 m. 91 cent.; larg., 2 m. 48 cent.

>> (*Salon de la Société nationale 1910.*)

98 — *Fatma*.

> Signé en bas à droite.

>> Toile. Haut., 81 cent.; larg., 60 cent.

99 — *Mauresque*.

> Signé en bas à droite.

>> Toile. Haut., 61 cent.; larg., 50 cent.

100 — *Mauresque*.

> Signé en bas à droite.

>> Toile. Haut., 61 cent.; larg., 50 cent.

101 — *Mauresques revenant d'El Kétar (Algérie)*.

> Signé en bas à droite.

>> Toile. Haut., 56 cent.; larg., 79 cent.

102 — *Sur les crêtes (Algérie)*.

> Signé en bas à droite.

>> Toile. Haut., 1 mètre; larg., 1 m. 30 cent.

103 — *Mauresques au Marabout*.

> Signé en bas à droite.

>> Toile. Haut., 46 cent.; larg., 61 cent.

104 — *Marocains des mines.*

Signé en bas à droite.

Toile. Haut., 50 cent.; larg., 61 cent.

105 — *Le Castillet (Perpignan).*

Signé en bas à droite.
Carton pour une lithographie.

Haut., 36 cent.; larg., 44 cent.

Cadre créé et sculpté par l'artiste.

106 — *Le Vieux pont (Perpignan).*

Signé en bas à droite.
Carton pour une lithographie.

Haut., 36 cent.; larg., 44 cent.

107 — *Nature morte : Fleurs et fruits.*

Signé en bas à droite.

Carton. Haut., 50 cent.; larg., 65 cent.

108 — *Un Rayon sur la table.*

Signé en bas à droite.

Carton. Haut., 50 cent.; larg., 65 cent.

108 *bis* — *Sous les bananiers* (esquisse).

Signé en bas à droite.

Panneau. Haut., 27 cent.; larg., 16 cent.

AQUARELLES, DESSINS, PASTELS

109 — *Les Enjôleuses.*

> Signé en bas à droite.
>
>> Aquarelle. Haut., 24 cent.; larg., 17 cent.
>
> Cadre créé et sculpté par l'artiste.

110 — *Le Fond des Mers (Illustration).*

> Signé en bas à droite.
>
>> Aquarelle. Haut., 23 cent.; larg., 17 cent.

111 — *L'Épouvante (Illustration).*

> Signé en bas à gauche.
>
>> Aquarelle. Haut., 19 cent.; larg., 29 cent.

112 — *Autour d'un Berceau (Cotentin).*

> Signé en bas à droite.
>
>> Aquarelle. Haut., 49 cent.; larg., 64 cent.

113 — *Retour de Messe (Cotentin).*

> Signé en bas à droite.
>
>> Aquarelle. Haut., 64 cent.; larg., 49 cent.

114 — *Pardon de Lannion la nuit.*

> Signé en bas à gauche.
>
> Dessin à l'encre de Chine. Haut., 23 cent.; larg., 31 cent.

115 — *Étude de Bretons (Lannion).*

> Signé en bas, au milieu.
>
> Dessin à l'encre de Chine. Haut., 23 cent.; larg., 33 cent.

116 — *Les Triolettes (Quatre études)*.

Signées en bas à droite.

Aquarelles. Haut., 67 cent.; larg., 51 cent.

(*Salon de la Société nationale, 1907.*)

117 — *Les Triolettes (Trois études)*.

Signées en bas à droite.

Aquarelles. Haut., 35 cent.; larg., 64 cent.

(*Salon de la Société nationale, 1907.*)

118 — *Dans la Cuisine (Cotentin)*.

Signé en bas à gauche.

Aquarelle. Haut., 37 cent.; larg., 30 cent.

Cadre créé et sculpté par l'artiste.

119 — *L'Avare (Étude pour Madame la Mort)*.

Signé en bas à droite.

Dessin à la sanguine. Haut., 48 cent.; larg., 63 cent.

120 — *La Rue Galande*.

Signé en bas à droite.

Dessin. Haut., 31 cent.; larg., 22 cent.

121 — *Le Castel Vendon (Gréville)*.

Signé en bas à gauche.

Dessin aux crayons de couleurs. Haut., 23 cent.; larg., 29 cent.

122 — *La Maison de Millet (Gréville)*.

Signé en bas à droite.

Dessin aux crayons de couleurs, Haut., 23 cent.; larg., 30 cent.

123 — *Idylle bretonne (Concarneau).*
>> Signé en bas à droite.
>>> Pastel. Haut., 40 cent.; larg., 31 cent.
>> Cadre créé et sculpté par l'artiste.

124 — *Les Folets.*
>> Signé en bas à droite.
>>> Pastel. Haut., 32 cent.; larg., 50 cent.

125 —· Différents lots de gravures et lithographies.

126 — Table à thé, créée et sculptée par l'artiste.

127 — Trois cadres, créés et sculptés par l'artiste

BIANCHI

128 --- *Cérès.*
>> Plâtre.

DUBOIS (Paul)

129 — *Tête.*
>> Plâtre.

130 — *Buste d'enfant.*
>> Plâtre.

131 — Sous ce numéro, seront vendus les objets non catalogués.

MEUBLES

132 à 141 — Sous ces numéros, seront vendus séparément : Meubles de chambre à coucher, bureau, commode, sièges, bibliothèque, garniture de cheminée, etc., etc.